8 P 2b 80

Paris
1907

Hamy, Ernest-Théodore

Luis Vaës de Torres et Diego Prado y Tovar, explorateurs de la Nouvelle-Guinée (1606-1607), étude géographique

LUIS VAËS DE TORRES

ET

DIEGO DE PRADO Y TOVAR

EXPLORATEURS DE LA NOUVELLE-GUINÉE

(1606-1607)

ÉTUDE GÉOGRAPHIQUE ET ETHNOGRAPHIQUE

PAR

M. LE Dr E.-T. HAMY

MEMBRE DE L'INSTITUT ET DE L'ACADÉMIE DE MÉDECINE
PROFESSEUR AU MUSÉUM
SECRÉTAIRE DE LA SECTION DE GÉOGRAPHIE
DU COMITÉ DES TRAVAUX HISTORIQUES ET SCIENTIFIQUES

(Extrait du *Bulletin de géographie historique et descriptive*, N° 1. — 1907)

PARIS

IMPRIMERIE NATIONALE

MDCCCCVII

LUIS VAÉS DE TORRES

ET

DIEGO DE PRADO Y TOVAR

EXPLORATEURS DE LA NOUVELLE-GUINÉE

1606-1607

ÉTUDE GÉOGRAPHIQUE ET ETHNOGRAPHIQUE

PAR

M. LE Dʳ E.-T. HAMY

MEMBRE DE L'INSTITUT ET DE L'ACADÉMIE DE MÉDECINE
PROFESSEUR AU MUSÉUM
SECRÉTAIRE DE LA SECTION DE GÉOGRAPHIE
DU COMITÉ DES TRAVAUX HISTORIQUES ET SCIENTIFIQUES

(Extrait du *Bulletin de géographie historique et descriptive*, N° 1. — 1907)

PARIS

IMPRIMERIE NATIONALE

—

MDCCCCVII

LUIS VAËS DE TORRES

ET

DIEGO DE PRADO Y TOVAR

EXPLORATEURS DE LA NOUVELLE-GUINÉE

(1606-1607)

ÉTUDE GÉOGRAPHIQUE ET ETHNOGRAPHIQUE

INTRODUCTION.

Au moment où paraîtront ces lignes, il y aura trois siècles qu'une expédition espagnole, partie du Callao, arriva à Manille par un chemin inconnu, ayant longé la côte méridionale tout entière de la Nouvelle-Guinée et ouvert ainsi à la navigation une des grandes routes maritimes du globe.

Luis Vaës de Torres y Paz, qui n'était qu'*almirante* au début de cet immortel voyage et commandait seulement le galion *San Pedro*, avait dû prendre la direction de la mission abandonnée en juin 1606 par son chef, le capitaine Pedro Fernandez de Quiros, sous la pression d'un équipage révolté. Accompagné de son fidèle lieutenant Diego de Prado y Tovar et d'un pilote habile Juan Bernardo de Fuentidueña, Torrès avait, en moins de six mois, avec son *almirante* et la *zabra* ou *lancha*[1] qui complétait l'escadre, mené à bon terme, dans des conditions particulièrement difficiles, une des plus belles campagnes de découvertes que jamais navigateur ait dirigée à travers le Pacifique.

Pour des motifs qui nous sont restés ignorés, le rapport original, adressé à la cour d'Espagne par le brillant marin, est demeuré secret pendant plus d'un siècle et demi. Redoutait-on à Madrid d'ap-

[1] Sorte de patache.

peler l'attention des Hollandais sur le nouveau passage que personne, en effet, n'a plus franchi avant Cook? Ou bien plutôt Quiros[1], qui avait tout lieu de craindre qu'on sût exactement ce qui s'était passé au moment de la séparation, obtint-il qu'on se contentât de la publication du très court résumé qu'on peut lire dans son second *Mémorial* de 1610[2]?

Fig. 1. — Signature de Torrès (1607).

Quoi qu'il en soit, la lettre écrite de Manille au roi Philippe III par Vaës de Torres sous la date du 12 juillet 1607, et portée en Espagne par le franciscain Juan de Merlo, a été reçue le 22 juin 1608 et versée aux Archives d'État où elle est encore déposée. Et il en a été de même de deux autres lettres sur lesquelles je reviendrai plus loin, adressées de Goa les 24 et 25 décembre 1613 par Diego de Prado et parvenues à la Cour d'Espagne le 16 octobre 1614.

Tout ce que l'on a su pendant bien longtemps de la découverte de Torres s'est borné à de brèves allusions de Quiros dans deux de ses *Mémoriaux* de 1609 et 1610[3] ; puis à ce résumé de deux pages, dont je parlais plus haut, imprimé au cours du deuxième *Mémorial* de cette dernière année (1610), tiré à petit nombre et aujourd'hui tout à fait introuvable. C'est là, très vraisemblablement, que l'historien de Mendoça, Cristoval Suarez de Figueroa, a pris l'extrait qu'il a donné en 1613[4] et dont seul, en dehors de l'Espagne, Baudrand avait eu connaissance, sans toutefois pouvoir l'utiliser dans le *Dictionnaire géographique* publié après sa mort[5].

---

[1] Il était rentré à Madrid dès le 9 octobre 1607.

[2] Cf. *Historia del Descubrimiento de las regiones austriales...* publicada por D. Justo Zaragoza, t. II, adic. Q. p. 296-298. Madrid, 1880, in-8°.

[3] On trouvera ces textes dans les *adiciones* M et P imprimées aux pages 246 et 277 de ce même volume.

[4] Ch. S. de Figueroa, *Hechos de Don Garcia Hurtado de Mendoza 4e marquez de Cañete.* Madrid, 1613, in-4° ; libr. VI, p. 290.

[5] Recueil de copies de Michel Baudrand (*Bibl. nat. S. Germ. fr., n° 2031, aujourd'hui ms. espagn. n° 367, f. 142*).

Frémont d'Ablancourt[1] avait cependant rapporté de son ambas-
sade en Portugal une vieille carte de Nouvelle-Guinée qu'il con-
fiait à Pierre Mortier pour la donner dans la *Suite* de son *Neptune*
imprimée en 1700 à Amsterdam. Ce document empruntait,
nous le savons aujourd'hui, quelques-unes de ses particularités
à l'itinéraire de Torrès; mais aucun géographe n'essaya d'en tirer
de renseignement sur le voyageur oublié. C'est seulement en 1767
que le mémoire de Juan-Luis Arias au roi d'Espagne [2] sur
l'exploration, la colonisation et la conversion de la Terre Australe
qui consacrait quelques lignes aux découvertes de 1606, tomba
entre les mains de Darymple pour le plus grand honneur de
l'héroïque *almirante*: le célèbre hydrographe anglais saisit avec
empressement l'occasion de glorifier Torrès au détriment de
Cook, et il a gravé sur sa carte le nom du navigateur espagnol
à la place de celui de l'*Endeavour* qu'y avait inscrit son rival
détesté [3].

Une copie du texte du rapport de 1607 ayant été retrouvée à Manille par les Anglais, Dalrymple le traduisit pour le grand ouvrage
de Burney, où Major est allé le reprendre en 1859 [4] et lord Stanley d'Alderley l'a de nouveau mis en anglais avec plus d'exactitude
dans son édition de Morga de 1868, à l'aide d'une autre copie
du xviii° siècle de la Bibliothèque nationale de Madrid [5]. Mais c'est
seulement en mai 1877 [6] qu'ayant entrepris, à l'occasion de la publi-

[1] On sait que ce diplomate s'occupait beaucoup des choses exotiques; depuis
la révocation de l'édit de Nantes il s'était fixé en Hollande où il est mort en
1693.

[2] Dalrymple a publié six ans après, en 1773, ce manuscrit d'Arias dont
Major a donné en 1859 la traduction en anglais sous ce titre : *A Memorial
adressed to his Catholic Majesty Philip the Third, King of Spain, by D° Juan Luis
Arias, respecting the Exploration, Colonization and Conversion of the Southern Land*
(*Early Voyages to Terra Australis now Australia*... edited with an Introduction
by R. H. Major. London, Hakl. Soc., 1859, in-8°, p. 1-30).

[3] Cf. FLEURIEU, *Découvertes des Français en 1768 et 1769 dans le S. E. de la
Nouvelle-Guinée*. Paris, 1790, in-4°, p. 45, note.

[4] J. BURNEY, *A Chronological History of the Discoveries in the South Sea or
Pacific Ocean*, vol. II, p. 467, 1806, in-4°. — Cf. MAJOR, *op. cit.*, p. 31-42.

[5] *The Philippine Islands. Moluccas, Siam, Cambodia, Japan and China at the
close of the sixteenth Century* by Antonio de Morga, trad. angl., London, Hakl.
Soc., 1868, in-8°, app. vi.

[6] E.-T. HAMY, *Commentaires sur quelques cartes anciennes de la Nouvelle-
Guinée pour servir à l'histoire de la découverte de ce pays par les navigateurs espa-*

cation du récent voyage du capitaine Moresby, d'interpréter cette même carte de d'Ablancourt dont il était question plus haut, j'ai réussi en combinant les données fournies par ce document et par les textes de Torrès et de Prado, dont lord Stanley me fournissait une traduction suffisante, à fixer définitivement les traits les plus essentiels de l'admirable campagne du *San Pedro*.

Désireux de serrer les faits de plus près encore à mon double point de vue d'historien et d'ethnographe, j'avais obtenu de l'obligeance de D. José M. Octavio de Toledo, conservateur de la section des manuscrits de la Bibliothèque nationale de Madrid, une transcription de sa propre main de la pièce utilisée par lord Stanley pour son édition de Morga[1].

Mon savant correspondant m'apprenait, en même temps, que Navarrete signalait, dans le tome II de sa *Bibliothèque maritime*, la présence du document original aux Archives de Simancas et un peu plus tard il m'informait que les recherches poursuivies par ses soins avaient permis de retrouver, non seulement le texte, mais en outre quatre plans et autant de dessins en couleur exécutés au cours de la même expédition par le collaborateur de Torrès, Diego de Prado y Tovar. Je priai D. Octavio de m'en obtenir, à mes frais, des calques exacts, que voulut bien exécuter l'archiviste D. Perez Gredilla, et je m'apprêtais à faire paraître un travail d'ensemble, à la fois historique, géographique et ethnographique sur les découvertes de Torrès et de Prado, quand j'appris qu'on m'avait devancé à Madrid.

D. Justo Zaragoza était au courant de la trouvaille faite à Simancas et il avait commandé au copiste un second exemplaire pour son *Historia del descubrimento de las terras Australes*. La chose vint aux oreilles de D. Francisco Coëllo, président de la Société de géographie de Madrid, et ce collègue, qui m'avait pourtant de sérieuses obligations depuis le congrès de Paris, n'hésita pas à intervenir avec insistance auprès de Zaragoza pour que les calques qu'il destinait ainsi au *Descubrimiento* fussent immédiatement présentés à sa compagnie. Et dans une communication que je reproduis ci-dessous[2] en entier dans son inconscience, il obtenait que la Société

gnols (1528-1608). Paris, Soc. de Géogr., mai 1877. Gr. in-8° de 40 pages, avec carte.

[1] Ms. J. 2.

[2] Voici l'extrait du procès-verbal de cette séance, inoubliable pour moi, du

de géographie éditerait le plus tôt possible les cartes de Prado avec
leur notice, dénonçant en même temps avec un cynisme qu'excuse
seul, dans une certaine mesure, le *chauvinisme* dont il a donné
d'autres preuves, mes projets d'édition qu'il fallait devancer *con toda
urgencia.*

Le premier numéro du *Boletin* de 1878 paraissait bientôt, en
effet, avec une notice de Zaragoza dans laquelle, désireux d'atté-
nuer dans une certaine mesure le coup qui m'était ainsi porté, ce
dernier avait introduit la traduction *in extenso* de mon mémoire du
mois de mai précédent, avec d'élogieux commentaires. Zaragoza
donnait en outre le texte espagnol de Torres dont la recherche avait
été le point de départ de mes relations avec la Bibliothèque nationale de Madrid, les deux lettres de Diego de Prado transcrites
comme la précédente sur les originaux de Simancas, une lettre du
capitaine Juan Pablo de Carion, qui avait été du voyage de Villalobos
sur *les richesses des Moluques*, enfin quelques mots seulement sur les
dessins de Prado qui accompagnaient les cartes et qu'il se réservait
de publier plus tard. Il lui eût répugné de parler des cartes elles-
mêmes dont il n'a pas dit un seul mot et dont Coëllo prenait la res-
ponsabilité de donner, dans une seconde partie du même numéro

15 janvier 1878 de la *Junta Directiva.* Zaragoza, qui m'avait envoyé des notes
inédites sur Urdañeta pour mon prochain travail et venait de me faire don du
1" volume de son *Descubrimiento* paru en 1876, est resté en dehors de tout
ce marchandage; on lui forçait évidemment la main et c'était par faiblesse qu'il
consentait à devenir le complice de Coëllo qui, sans doute, lui faisait voir l'éco-
nomie qui résulterait pour le *Bibliotheca* qui n'aurait plus à payer qu'un tirage
à part...

«Presente tambien el Sr Coello, dit le *Boletin*, cuatro Mapas que habio recibido
del Archivo nacional de Simancas el socio Sr. Zaragoza, con objeto de publicarlos
reducidos en su *Bibliotheca Ultramarina;* pero los ofrecia o la Sociedad por so
queria adelantarse en darlos á luz, en cuyo caso prepararía un artículo explicativo
para nuestro Boletin.

«Hizo notar el Sr. Presidente la gran importancia de estos planos originales
trazados en 1606 y correspondientes a los célebres viajes do Quiros y a los descubrimientos de Luis Váez de Torres en la parte Sud este y Sur de Nueva-Guinea,
costas tan poco exploradas que hasta la expedicion de Moresby en 1873 no se
tuvo idea exacta de aquella region, en su extremo oriental. Con los trabajós más
modernos coinciden perfectamente los reconocimientos de Diego de Prado y quizá
son más completos en algunos pormenores.

«Concluyó el Sr. Coello expresando la conveniencia de publicarlos sin demora
á fin que se conociesen las copias fieles y auténticas, añadiendo que el Dr M. Hamy,

du *Boletin*[1], l'interprétation qu'il aurait dû, semble-t-il, *me demander d'écrire*, s'il *voulait seulement*, comme il l'assurait, que ces documents nationaux fussent édités en Espagne et non pas ailleurs. Trop souvent insoucieux des richesses scientifiques au milieu desquelles il passait alourdi et presque indifférent, le président de la Société de Madrid se montrait ainsi à l'occasion, par une inconséquence dont on ne voit que trop d'exemples, d'une jalousie patriotique assez surexcitée pour lui faire commettre une mauvaise action !....

Je renonçai à poursuivre l'étude géographique et surtout ethnographique que j'avais commencée, en attendant que Zaragoza donnât son travail au public. Le deuxième tome de son ouvrage parut en 1880 ; il ne contenait autre chose de l'expédition de Torrès que la reproduction des deux lettres de Prado déjà publiées dans le *Boletin* de Madrid. Le tome troisième et dernier attendit deux ans encore et je n'y rencontrai que quelques cartes parmi lesquelles figuraient celles dont la Société de géographie avait fait les premiers frais en 1878.

Coëllo est mort en 1898 ; les amertumes que m'avaient fait goûter mes dernières relations avec lui étaient bien loin de mes lèvres, lorsqu'un jour, en classant quelques vieux papiers relatifs à mes études océaniennes d'autrefois, j'ai remis la main sur les calques de D. Perez Gradilla et sur les notes que j'avais recueillies à leur occasion[2].

Étant donné que si les cartes de Prado ont été reproduites par un éditeur insuffisamment informé et pressé de tirer profit d'une

que habra escrito y a un interesante folleto sobre los descubrimientos de los españoles en aquella parte del Pacifico, se habia proporcionado tambien calcos de estos planos y que era probable pensara en darlos á luz immediatamente.

La Junta acordó que se publicaron con toda urgencia, encargándose el Presidente de la mejor manera de efectuarlo.

(*Boletin de la Sociedad Geográfica de Madrid*, t. IV, n° 1, enero 1878, p. 88-89.)

[1] D. Justo Zaragoza, *Descubrimientos de los españoles en el mar del Sur y en las costas de la Nueva Guinea*, con la traduction del folleto de M. Hamy por D. Martin Ferreiro y un Mapa de Nueva Guinea correspondiente á aquel (*Bol. de la Soc. Geograf. de Madrid*, t. IV, p. 7-66). Enero de 1878 :

Fr. Coëllo, *Nota sobre los planos de las bahias descobiertas en el ano de 1606 en las islas del Espiritu Santo y de Nueva-Guinea que dibujó el Capitan D. Diego de Prado y Torar, en igual fecha* (*Ibid.*, p. 67-86).

[2] J'ai offert les calques ethnographiques à la galerie d'anthropologie du Muséum de Paris, où on peut les voir à leur place dans la série iconographique.

trouvaille qu'il n'avait pas faite lui-même[1], du moins les dessins
ethnographiques du même explorateur sont demeurés inédits;
étant acquis, d'autre part, que les termes de comparaison ont sin-
gulièrement augmenté aux mains des ethnographes dans les trente
dernières années; considérant enfin que le *centenaire de Torrès*
justifie un retour à des travaux que l'on ne saurait considérer
comme définitifs, je me suis remis à l'œuvre, j'ai repris sur de nouvelles bases mon étude première abandonnée en 1878 et j'y ai
joint ce que de longues années d'expérience personnelle m'ont
apporté de nouveau et d'intéressant.

I

Luis Vaës de Torrès y Paz, dont nous ne savons rien avant le
voyage qui a immortalisé son nom, est parti de Callao avec Prado
et Fuentidueña le 21 décembre 1605, montant l'*almirante S. Pedro*
acquise au Callao pour le compte du roi. L'almirante a navigué en
compagnie de la capitane et de la zabra jusqu'à l'entrée de l'expédition dans la grande baie de l'île Spirito Santo, la plus septen-
trionale des Nouvelles-Hébrides, qui a reçu le nom de Saint-Philippe
et Saint-Jacques, *la Baya de San Felipe y Santiago*, le 1er mai 1606.
Pendant quatre mois et dix jours de navigation parallèle et d'ailleurs assez stérile, les galions ont marché à quelque distance, la
zabra toujours en avant, communiquant rarement entre eux et la
nomenclature des quelques îles rencontrées dans ces immensités du
Pacifique a varié d'un bord à l'autre. Telle île, comme *Luna puesta*
ou *Añegada* a été vue et nommée par Quiros et Leza seuls; telle
autre, au contraire, *San Bernardo* a été découverte par Fuentidueña.
Certaines de ces petites terres perdues à travers l'Océan prennent
dans le rapport de Torres le nom du saint ou de la sainte honorés
le jour de la découverte *San Valerio* (29 janvier), *Santa Polonia*
(9 février), tandis que Quiros les appelle *S. Juan Bautista* ou *Conversion de S. Pablo*, etc.

C'est à Santa Polonia que Torrès a vu les premiers insulaires

---

[1] Les reproductions qu'on peut voir de ces cartes dans le *Boletín* déjà cité et
dans le 3ᵉ volume de Zaragoza ne sont pas *rigoureuses*. On a cru devoir reporter
les noms des légendes (qu'on ne voulait pas reprodaire en fac-similé) sur les cartes
elles-mêmes, qui dans les originaux ne présentent à ces mêmes places que des
renvois en lettres majuscules.

venus à bord de son vaisseau. Ce sont ces robustes lanciers de Polynésie, qu'il décrit en deux phrases lapidaires sous les traits essentiels qu'ils vont prendre désormais dans toutes les relations de voyages à la mer du Sud : *«Jente muy salbaje, amulatada y corpulenta»*, voilà pour l'anthropologie; et, pour l'ethnographie : *«las armas que usan son vnas lanças muy largas y muy gruesas...»*

On a vêtu et régalé leurs envoyés à bord de l'almirante, un chef et une vieille femme, et ils envoient pour remercier de ce bon accueil *«vn maço de cauellos y vnas malas plumas y vnas cuscaras de ostiones de perlas lauradas»*, des ouvrages de cheveux, de mauvaises plumes et des huîtres perlières travaillées, tous leurs trésors : *todo esto hera galas suyas.*

Autre rencontre du même genre; une île basse de 5 à 6 lieues, même structure, mêmes armes; les embarcations seules différentes *la jente y armas era hechura como la de atras, pero diferentes enuarcaciones...* Ces barques d'un type nouveau pour nos découvreurs étaient pontées avec de curieuses voiles latines faites de paille, leurs vêtements étaient du même tissu; les femmes vêtues d'un jupon et d'une chemisette, les hommes seulement d'une ceinture : *«enuarcaciones tapadas, con que ellos suelen nauegar a otras yslas, con belas latinas hechas de paxa muy curiosas, y de la misma tela andan vestidos, las mugeres de camiseta y saya, y los honbres no mas de la sintura y berguenças.»* Il fallut se battre avec les indigènes pour les contraindre à laisser faire de l'eau; *me obligaren a escaramuçear con ellos* et c'est ce qui valut à cette île le nom de *la Matança «poniendo le por nonbre de la Matança* (tuerie).»

Taomaco ou *Taumaco*, que l'expédition rencontre trente-deux jours plus tard (7 avril), est une petite île d'environ six lieues, très élevée, avec de bons fonds et d'autres îlots autour. «La gent de cette île est de corps ordinaire, écrit Torrès; il y a gent blanche et vermeille, d'autres sont d'une couleur qui se rapproche de celle des Indiens, d'autres encore de vrais nègres ou des mulâtres. Ils pratiquent l'esclavage, se nourrissent d'ignames et de poissons, possèdent beaucoup de cocotiers, élèvent des porcs et des poules.» L'île de Taumaco, ainsi décrite en quelques mots par le navigateur espagnol, et à laquelle Quiros et Leza donnent le nom de *Nuestra Señora del Socorro, Nuestra Señora de Loreto*, serait, suivant Espinosa, l'une des îles qui portent aujourd'hui le nom du navire de Wilson, le *Duff*, qui les visitait de nouveau en 1797 et appartiennent, en effet, à la zone mélano-polynésienne [1].

On court au Sud-Sud-Est et l'on découvre, le 21 avril, une autre île de même grandeur que Taomaco et peuplée des mêmes habitants; puis c'est la *Chucupia* de Torrès, Tucopia d'aujourd'hui, puis encore un volcan sans nom; sans doute le Pain de Sucre de Vincendon-Dumoulin; enfin *la Margaritana*, *las Lagrimas de S. Pedro*, trois des îles de Banks, et *Santa Maria*, îlot tout voisin de cette baie de Saint-Philippe et Saint-Jacques, creusée dans la côte Nord de Spiritu Santo, la plus grande de l'archipel aujourd'hui appelé *Nouvelles-Hébrides*, et dont la découverte vient marquer la fin du voyage en commun de Quiros et de Torrès.

J'ai glissé rapidement sur cet exposé des premiers travaux de ce dernier; ils sont depuis longtemps connus et appréciés. Mais, avec le séjour à Spiritu Santo, commence une nouvelle phase de l'expédition qui va retenir plus longuement notre attention.

Pendant les cinquante jours qu'a duré la relâche des trois navires dans cette immense baie, et dont une partie a été employée à la fondation de l'éphémère *Nueva Hierusalem*, les Espagnols ont, en effet, poussé des reconnaissances dans toute la baie et en particulier sur ses côtes occidentales, et Diego de Prado y Tovar a levé une carte que nous ont conservée les Archives de Simancas, et que Coëllo, puis Zaragoza ont publiée, en réduction, comme je l'ai dit, en la rapprochant de la carte de l'Amirauté britannique de 1866.

On voit sur ce croquis se dessiner avec beaucoup de netteté toute la côte depuis l'île de Santiago et les caps de Fuentidueña et de Gaya jusqu'aux rivières qui viennent jeter leurs eaux tout au fond de la baie, et la nomenclature détaillée qui accompagne dans un cartouche ces contours géographiques est d'une interprétation généralement assez facile. D'une part, en effet, elle comprend des noms de personnages attachés à l'expédition; de l'autre, des noms du calendrier correspondant pour la plupart à la date de la découverte qu'ils ont la mission de rappeler plus particulièrement.

[1] La relation anonyme attribuée par Zaragoza à Belmonte (*op. cit.*, t. I, p. 289) confirme ce dualisme ethnique des indigènes de Taumaco. «*Los Indios en comun son hombres altos, derechos, briosos, y bien agestados, color de mulato claro mas o ménos : otros que no llegan de todo a ser negros.*»

Les premiers sont ceux des chefs de l'expédition, *Rio del cap^{es} Quiros; Rio Grande del cap^{en} Luis Vaes de Torres; puerto de don Diego de Prado; cabo de don Ju^a de Espinosa; cabo de Tovar; cabo de Gaya, cabo de Fuentidueña.* On remarque le contraste entre le rio grande del capitan Luis Vaes de Torres, branche principale du fleuve qui se jette au fond de la baie et le modeste bras consacré à Quiros; Gaspar de Gaya, le capitaine du *San Pedro,* Juan Bernadino de Fuentidueña, pilote du même navire, ont chacun leur cap à l'entrée de la baie, tandis que Gonzalès de Loza et Pedro Bernal Cermeño, les pilotes de la capitane, sont volontairement omis. Ils n'étaient plus à la peine, ils ne devaient pas être à l'honneur et ce détail montre bien que la réduction définitive de la carte est postérieure à la séparation et l'œuvre exclusive des navigateurs de l'Almirante. Un autre cap, à mi-chemin du fond du golfe, est dédié à Don Juan d'Espinosa y Zayas, le *cabildo* de la Nueva-Hierusalem.

Mêlés à ces noms d'officiers de l'expédition se lisent çà et là ceux de quelques saints : *Isla de Santiago,* l'île de Saint-Jacques où l'on a mouillé avant d'entrer dans la baie, le 1er mai; *Puerto de la Vera Cruz,* un port, vers le fond et à gauche, où l'on a dû mouiller le 3 mai, jour de l'invention de la Sainte-Croix; *S. Orsola,* Sainte-Ursule, dont l'ordre commémore sa fondation le 3 mai [1], un cap reconnu sans doute dans une sortie vers l'Est qui eut lieu à cette date; *R. de San Antonio,* Saint-Antoine de Padoue (13 juin), un des grands saints de l'ordre de Saint-François, dont six religieux accompagnaient l'expédition. Loza nous apprend que Quiros et tous ses officiers avaient revêtu le costume de l'ordre séraphique.

Un dernier terme de cette nomenclature géographique le plus occidental, *Cabo de S. Ju-Bau^a,* cap de Saint-Jean-Baptiste, nous apporte une dernière date, celle du 24 juin, qui a précédé de bien peu le départ des Espagnols [2].

Les relations avec les indigènes n'ont pas toujours été parfaites pendant ce long mouillage, et le *rio de la Batalla* que l'on voit sortir avec trois autres d'un petit lac au fond de la baie, rappelle le sou-

[1] Brixiæ sanctæ Angelæ Mericiæ Virginis, Monialium sanctæ Ursulæ Institutricis (*Martyrolog. Serafici ordinis,* 31 mai).

[2] J'avoue ne point connaître les raisons particulières qui ont fait consacrer un cap à saint Scolastique et une rivière à saint Damase.

venir d'un combat dont ne font mention ni le manuscrit de Belmonte, ni le rapport de Torrès lui-même.

En même temps qu'il dressait sa première carte du voyage, Diego de Prado consacrait son premier dessin aux insulaires de la baie. *« Esta xente es desta baia S° Felipe y S° tiago donde se nos fue la capitana, son negros, de cuerpos hordinarios, sus armas son flechas, dardos y macañas : es tierra fertil y sana; tapan las verguenças con ojas de arboles. »*

« Cette nation est de cette baie de Saint-Philippe et Saint-Jacques d'où s'est enfuie la capitane; ils sont noirs, de corps ordinaire, leurs armes sont flèches, dards et massues; c'est une terre fertile et saine; ils cachent leur nudité avec des feuilles d'arbres. » Et le dessinateur nous montre à l'appui de cette sommaire description quatre mauvaises académies représentant des guerriers sans caractère avec leur armement. L'un est porteur d'une lance, un

Fig. 9. — Indigènes de la baie de Saint-Philippe et Saint-Jacques.
(*Xante desta baia S. Felipe y S° tiago.*)

second prend une flèche dans son carquois, les deux derniers causent avec animation, portant chacun une grande et lourde massue de bois dur recourbée du bout et qui rentre dans une des formes connues de la Mélanésie Orientale. Tous les quatre ont pour tout costume et pour tout ornement l'étroite ceinture de feuilles dont parle Diego, *ojas de arboles*.

Depuis treize jours déjà, la *capitane* avait disparu. Le
11 juin, par un vent frais soufflant du Sud, sans un message,
sans un signal, le navire de Quiros, dont l'équipage s'était
mutiné, s'en était allé dans la nuit et, malgré toute diligence,
il avait été impossible, le lendemain matin, de retrouver sa
trace.

Torrès a attendu quinze jours encore, *quinze dias*, c'était tout
ce qu'il pouvait faire... On tient conseil et malgré l'opposition
de plusieurs on tombe d'accord pour exécuter à la lettre les ordres
du roi. On abandonne, sans y laisser personne, la *Nouvelle-Jérusalem*
et l'on sort de la baie le 26 ou le 27 dans l'intention de faire une
large reconnaissance autour de la terre du Saint-Esprit avant de
continuer le voyage. Des courants violents s'y opposent, les navires
sont en danger; on n'a à bord que du pain et de l'eau; le mauvais
vouloir des équipages s'ajoute aux intempéries pour obliger Torrès
à poursuivre rapidement vers les Moluques. L'almirante s'élève
donc dans le Nord-Nord-Ouest et vient donner sur l'extrémité
d'une grande île que le commandant considère comme le commencement de la Nouvelle-Guinée, *el principio de la Nueva Guinea*,
et à laquelle Diego de Prado, dans sa lettre de Goa, donne le
nom de la *Grande Marguerite* « la isla llamada por nos *la Magna
Margarita* que tiene 680 leguas de costa ».

J'ai montré, dans la dissertation initiale dont il a été longuement question plus haut, en me servant des termes de comparaison fournis par Bougainville, voyageant dans des conditions
analogues en ces mêmes parages, que les Espagnols partis de la
baie de Saint-Jacques et de Saint-Philippe le 26 ou le 27 juin,
devaient se trouver à la mi-juillet dans les eaux de la Nouvelle-Guinée. Le nom de *Magna Margarita* s'expliquait ainsi
fort bien; la fête de sainte Marguerite coïncidant avec le 20 de ce
mois.

Mais *le commencement de la Nouvelle-Guinée*, pour reprendre l'expression employée par Torrès, n'est pas un promontoire qu'on
puisse nettement isoler dans une reconnaissance. C'est tout un
archipel comprenant notamment trois îles d'une certaine étendue,
nommées, depuis le voyage de 1875, Moresby, Basilisk et Hayter,
et que masquent, du côté du large, d'innombrables îlots ou écueils.
Avant de reconnaître, le 20 juillet, la grande terre, les Espagnols
en avaient donc vu d'autres moins importantes et notamment *los*

puertos i bayas de San Buenaventura [1], les baies et ports levés par Diego de Prado sous le nom de Saint-Bonaventure.

Saint Bonaventure, encore un saint de l'ordre des franciscains, se célèbre le 14 juillet : la terre à laquelle fut imposé son nom avait donc été vue dès cette date, mais on avait dû la prolonger avec précaution à cause de ses récifs, *grandes arracifes muy peligrosos*. On avait mouillé le 16 devant le port de Saint-François, *puerto de San Francisco* (Saint François se célèbre en effet le 16), et c'était le 18 seulement, jour de saint Émilien, qu'on avait pu pénétrer dans une baie que nous représente la seconde feuille des Archives de Simancas.

Or l'identité de cette *baya de San Millan* avec la baie Jenkins de M. Moresby se poursuit jusque dans les derniers détails. Il est aisé de constater, en effet, des concordances presque parfaites entre les tracés de 1606 et de 1875. La vieille carte espagnole correspond de l'Est à l'Ouest, ainsi qu'on peut le voir ci-joint, à la plus grande partie de l'île Basilisk (*Urapotta* des indigènes), encadrant de trois côtés, à l'Est, au Sud et au Nord la baie Jenkins. Du côté du Nord se détache, dans la direction de l'Ouest, une presqu'île que termine le cap dit *Challis-Head*, le *cabo Fresco*, le point extrème atteint en canot par les explorateurs espagnols, *que es lo que se pude salir en el batel por la parte del este* [2]. On voit au delà, vers l'Ouest, deux îles, West I, *isla de San Antonio*, appelée ainsi en l'honneur de saint Antoine de Padoue, dont le nom figurait déjà sur notre première carte et Didymus Island, *isla de Manglares*, l'île des Mangliers. Les sinuosités de la côte sont les mêmes sur les deux esquisses et aux mêmes places les hydrographes espagnols et anglais ont relevé deux bancs de sable [3]. La péninsule méridionale est tracée avec le même soin : le *cabo de tres hermanas* correspond à trois récifs indiqués par les Anglais, et Rocky-Pass de leur carte est représentée par la *boca de la Batalla*. Par ce détroit resserré

[1] *Tierra de Buenaventura* de la carte de d'Ablancourt.

[2] Les Espagnols se sont trouvés alors dans *la baie Milne* de Moresby que Diego de Prado décrit comme une baie de 40 lieues de circonférence, bordée vers l'Ouest par de hautes terres continues (*no la bimos boca sino toda tierra alta y çerrada y continuada al oeste*). C'est l'extrême Sud de la Nouvelle-Guinée qu'il a ainsi le premier découverte.

[3] Il manque seulement à la carte de Diego *Useless I.*, petite île qu'il n'a pas reconnue au fond de la baie.

qu'ils ont pris pour un passage vers le Nord, les navires de Torrès
ont hardiment pénétré, et le nom qu'ils lui ont imposé rappelle
sans doute que ce n'est pas sans lutte qu'ils ont pu franchir cette
entrée. Immédiatement après figure un îlot qu'on retrouve sur les
deux cartes et que les Espagnols avaient nommé le fort de Saint-
Jacques, *fuerte de S. Santiago* (Santiago, patron de l'Espagne, se
célèbre le 25 juillet) à cause de ses formes bastionnées, et l'an-
crage où ils ont mouillé le 18 juillet est désigné sous le nom de
puerto de N^a S^a de Honga, où je suis bien tenté de chercher un sou-
venir du « triomphant berceau » de la catholique Espagne, Santa
Maria de Cobadonga dans la Montaña de la *Virgen*, en Asturies[1].
« Les indigènes rencontrés dans ces parages étaient, nous dit Torrès,
des Indiens pas très blancs, *no muy blancos*, nus, quoique cachant
leur sexe avec des écorces d'arbres en manière de bande toute
peinte ; ils combattaient avec des dards et des boucliers et des
massues de pierre avec grand plumage très joli ». Une figure vient à
l'appui de cette brève description, qui nous montre trois Indiens
de la baie de Saint-Millan, deux hommes et une femme.

Fig. 3. — Indigènes de la baie de Saint-Émilion.
(*Xente desta baia de S. Millan.*)

Esta xente, dit la légende, *es desta baya de San Millan, son yndios
algo blancos, sus armas son dardos arroxadiços y macañas, sus basti-
mentos son iñames, cañas du[l]ces, pan de Maluco, puercos y muchas frutas.*

[1] C'est là que Pélage battit les Maures en 718 et qu'il fut proclamé roi.

« Ce sont des Indiens, quelque peu blancs, leurs armes sont des
dards de jet et des massues; leurs nourritures sont ignames,
cannes douces, pain de Moluques, porcs et fruits abondants. »

Nos trois personnages sont d'un noir cuivré (*muy pronunciado el color
cobrizo*, Gredilla) les hommes ont des ceintures verdâtres, la femme
porte une jupe d'herbes qui descend jusqu'aux genoux. Chacun des
deux guerriers protège son bras gauche d'un bouclier ovale et porte
une lance dans la main droite [1]. Ils ont de l'épaule au coude un
tatouage géométrique formé de chaînes et de bandes alternées.

Les ceintures de *tapa* ou d'écorce battue et les jupes en cocotier
appartiennent à toute cette partie de la Nouvelle Guinée, les boucliers ovales sont particulièrement mentionnés dans les îles Trobriand [2], mais aussi sur la grande terre, au voisinage du cap Est,
sur le pourtour de la baie Milne, enfin à l'île Killerton [3].

Enfin M. O. Finsch surabonde en détails sur les tatouages de
caractère géométrique, qu'il a vus partout chez les Papouas du
Sud-Est [4]. . . . .

Torrès n'a pas pu remonter par la bande de l'Est; une ligne
continue de côtes élevées se dressait au loin devant lui par delà
le *Cabo fresco*. Il ressort donc et s'en va vers l'Ouest « par la partie
du Sud », pour chercher un nouveau passage. «Toute cette terre
est terre de Nouvelle-Guinée, écrit-il dans son rapport. . . . . Il y a
sur toute la côte de nombreux et vastes ports, avec de très larges
rivières et beaucoup de plaines. En dehors s'étendent récifs et bas-

[1] On a décrit chez les Papouas à boucliers de la Nouvelle-Guinée Orientale
les formes de boucliers les plus diverses. À la baie de l'Astrolabe, le bouclier est
discoïde (Finsch en a représenté deux; la collection Biro, à Buda-Pesth, en pos-
sède une douzaine).

À Samarai, dans le China-Strait et à Chase (Teste) le bouclier est rectangulaire;
à Trobriand, il est ovale. On en connaît d'autres en huit de chiffre ou de forme
carrée avec un créneau au sommet (Cf. O. Finsch, *Ethnological Erfahrungen und
Belagstücke aus der Südsee*, 2ᵉ Abth (*Ann. der Naturhist. Hofmus*), Bd. III, taf.
xvi, 1888. — Id., *Samoafahrten; Ethn. Abth.*, bl. xi, Leipzig, 1888, in-4°. —
*Beschr. Catalog. der Ethnogr. Samml. Ludwig Biro's aus deutsch. Neu Guinea
(Astrolabe Bay)*, Buda-Pesth, 1901, in-4° S. 164, t. XV-XVI, etc.

[2] Cf. *Catalog. der ethnologischen Sammlung der Neu-Guinea Compagnie*,
Berlin, 1886, in-8°, p. 24, 31, 34, etc.

[3] *Ibid.*, p. 39-41.

[4] O. Finsch, *Ueber Bekleidung, Schmuck und Tätowirung der Papouas der
Südostkuste von Neu Guinea* (*Mitth. der Anthrop. Gesllesch.in Wien*). 2ᵉ folg. Bd.
VII, 1885.

fonds, les îles sont entre ces dangers et la terre ferme, et un chenal court au milieu. Nous prîmes possession de ces ports au nom de Votre Majesté, leur description accompagne cette lettre. »

C'est le sujet de la troisième carte de Diego de Prado y Tovar dont la nomenclature permet de fixer la découverte entre le 10 et le 24 août.

Elle représente *la gran baya de S. Lorenço i puerto de Monterey*. «Cette baie de Saint-Laurent, dit la légende, et le port de Monterey découvrit le capⁿ et chef Luis Vaes de Torres le 10 d'août de l'année de 1606 et pour être le port si bon il lui donna ce nom (le nom du vice-roi du Pérou qui a ordonné l'entreprise). Elle est distante, continue-t-il, du port de San Francisco de vingt lieues plus ou moins à la partie de l'Ouest, très belle, très agréable et de bons fonds clairs, et l'on peut en sûreté y mouiller partout. La terre au Nord est de belles plaines bien cultivées avec quantité d'eau et des palmeraies de cocos, ignames, patates, plantains et autres fruits inconnus, nombreux et bons porcs. Les naturels sont de couleur mulâtre, dispos et musclés et tous circoncis comme Juifs; les hommes couvrent leurs nudités de ceintures de feuilles et les femmes se font comme un vertugadin qui descend jusqu'aux genoux, leurs armes sont des dards qu'ils lancent, des massues et de grands boucliers. Le tout est par 10° 1/2 de hauteur, c'est la meilleure terre et la plus fertile à peupler de toutes celles qui ont été découvertes. » Si incertaines que soient encore les cartes de toute cette côte Sud de la Nouvelle-Guinée, il n'est pas malaisé de trouver *à vingt lieues à l'Ouest* du port de S. François ménagé comme nous l'avons vu sur la côte Sud de Basilisk Island, une baie correspondant exactement au Port de Monterey. Ce sera le Cul-de-sac de l'Orangerie de Bougainville, où j'avais fait aborder Torrès, dès ma première étude. L'île Dufaure est, comme je l'avais prévu, *la isla de santa Clara*. La *baya de N. S. de la Asumpcion*, l'*estrecha de S. Roque*, les *islas de S. Timoteo* et de *S. Bartolome*, toutes ces localités qui correspondent aux dates des 12, 15, 16, 22 et 24 août et marquent, comme je l'avais moins nettement indiqué en l'absence de ce document tout à fait positif, la marche de l'expédition espagnole vers l'Ouest, s'identifient, comme on le voit sur la carte ci-contre, avec les divers points relevés sur ce littoral peu fréquenté, depuis l'île Dufaure jusqu'aux îles Toulon et Amazone des cartes actuelles.

Les courtes observations ethnographiques de *Diego de Prado* trouvent pour la plupart leur confirmation dans le récit du seul voyageur naturaliste qui ait visité, de nos jours, *Santa Clara*, l'île Dufaure. Albertis a trouvé la couleur des indigènes plus claire qu'il ne l'avait constatée sur les autres rivages de Nouvelle-Guinée, qu'il avait auparavant visités, et il admet qu'ils sont de race mixte Papoua-Polynésienne. «La taille est moyenne, dit-il, les proportions sont belles et la race est plutôt fine.»

Il signale aussi, comme son devancier de 1606, l'usage de la courte ceinture chez les hommes, qui lui paraît une nouveauté, et il raconte tout au long un échange qui lui a procuré un jupon de femme et qui est tout à l'honneur de la chasteté des dames de l'endroit. Les armes offensives sont des lances et des massues de pierre, pas d'arcs ni de flèches; l'arme défensive est un bouclier, peu usité d'ailleurs[1].

II

Après un séjour de deux semaines dans ces parages où il a pu se ravitailler largement en eau et en bois, en nourriture animale et végétale, Torrès reprend courageusement sa route vers le N. O. en suivant toujours en dedans des récifs ce *long chenal* qu'il signalait un peu plus haut.

Tout va d'abord au gré de ses désirs; il continue à courir le long de la côte, et la latitude décroît de 2 degrés et demi, de sorte qu'il se trouve environ par 9 degrés. Mais de nouveaux obstacles le rejettent dans le Sud sans le décourager. «Vers ce point commence, dit-il, un banc de trois à neuf brasses de profondeur, qui s'étend le long de la côte jusqu'à la latitude de 7 degrés et demi, et qui à son extrémité a cinq brasses. Nous ne pouvons plus aller de l'avant à cause de nombreux bancs et du courant violent qui régnait partout, si bien que nous prîmes notre course au Sud-Ouest par le *chenal profond* dont il a été déjà parlé jusqu'au 11e degré.»

La latitude 9 degrés tombe au cap Sud-Ouest, un peu au Sud de l'île Yule, où finissent en effet les bancs de coraux. On s'engage dès lors dans un vaste golfe où des masses d'eau douce amenées par un grand fleuve de l'intérieur, le *Fly* d'Albertis, déposent des alluvions épaisses en même temps qu'elles arrêtent le travail coralligène.

[1] Cf. L. M. d'Albertis, *New Guinea : what I did and what I saw*, trad. angl. London, 1880, in-8°, vol. I, p. 189-201.

La baie Déception, qui termine le golfe des Papouas, est par 7° 45′. Les brasses d'Espagne valent 1 m. 696; les profondeurs relevées par Torres varient donc de 5 à 15 mètres (les chiffres de Blackwood accusent dans les mêmes parages des fonds de 0 m. 90 à 9 mètres); la côte est plate depuis le cap Possession et de larges bancs de vases s'avancent jusqu'à 10 mètres en mer, tandis qu'un courant rapide porte vers le Nord-Ouest.

Le chenal profond rencontré par Torres, c'est encore un de ces canaux intérieurs que les Espagnols ont longés, au début de cette longue navigation côtière; les voilà donc rentrés de nouveau dans la région des coraux, c'est-à-dire qu'ils ont tourné avec bonheur la redoutable Barrière (*Great Barrier Reef*), dépassé les Cayes du Nord et pénétré dans le grand canal du Nord-Est[1].

Fig. 4. — Indigènes des îles qui sont à la partie du Sud.
(*Xente de las islas questan a la parte del Sur.*)

«Il y a là partout un archipel d'îles sans nombre, par lesquelles nous passâmes, et à la fin des onze degrés le banc reparaissait; plus bas il y avait de très grandes îles et il en paraissait plus à la bande du Sud.»

C'est, sans le moindre doute, l'archipel du Prince de Galles que

[1] Voir la carte du *Fly* à la fin du volume I de *Narrative of the surveying voyage of H.M.S. Fly*, commanded by capt. Blackwood, London, 1847, in-8°.

Torrès, ayant longé le Warrior's Reef et dépassé Banks Islands, signale dans les termes que l'on vient de lire : peut-être a-t-il entrevu par delà le continent australien.

« Ces îles étaient peuplées, continue notre explorateur, par un peuple noir très corpulent, nu, ayant pour armes des lances très lourdes et grosses, maintes flèches et des massues de pierre très grossières. »

Et la planche 3 de Diego nous met en présence de ces insulaires *esta xente de las islas questan a la parte del sur de la Nueva Guinea*, puissants (*corpulentos*) et armés, ainsi que vient de le dire Torrès, de masses de pierre (*maças de piedra*), de grandes lances et de flèches.

Il s'agit très vraisemblablement dans cette figure et dans le texte qu'elle commente, de ces noirs, distingués sous le nom de Kowraregas par Mac-Gilliway et définis par ce voyageur judicieux comme « une colonie *papouanisée* d'Australiens, *a Papuanised Colony of Australians*[1]. La teinte *noire*, attribuée aux insulaires vus par les Espagnols de 1606, indiquerait que cette *papouanisation* — pour reprendre le mot de Mac-Gilliway — n'était pas bien avancée ; Mac-Gilliway oppose toujours, dans ses descriptions, le noir presque absolu, *nearly black*, de l'Australien au brun jaunâtre, *yellowish brown* du Papoua[2].

Les insulaires vus par Torrès et Prado avaient à la fois la lance armée d'un os de la grande Terre, l'arc et la flèche des îles[3] ; mais l'un des trois indigènes qui apparaissent dans la planche est armé d'une sorte de masse lourde, qui semble représenter une variété grossière de ces massues à tête de pierre, désignées dans le détroit sous le nom de *gaba-gaba* ou *gaba-groub*[4].

[1] Mac Gilliway, *Narrative of the voyage of H. M. S.*, Rattlesnake, etc. London, 1852, in-8°, vol. II, p. 3. — In fact one might hesitate whether to consider the Kowraregas as Papuans or Australians, so complete is the fusion of the two Races, ajoute Mac Gilliway. Observons toutefois avec Latham que la langue de ces insulaires est regardée comme australienne (*Ibid.*, p. 3, n. 3).

[2] Id. *Ibid.*, t. II, p. 145.

[3] « Leurs principales armes offensives, dit Macleay en parlant des insulaires de Toud et d'Erroub, sont les arcs et les flèches, qui sont d'un *genre formidable*. Les arcs sont des bambous, assez semblables à ceux des archers anglais et cordés de même ; les flèches sont longues de plus de 1 m. 20 et peuvent frapper à 110 mètres (*Cosmos* de Cora, t. III, p. 233, 1875).

[4] De toutes les pièces dont j'ai relevé la figure dans les publications récentes.

« Nous ne pûmes acquérir aucune de ces armes » dit Prado en terminant sa note, et l'on ne s'en aperçoit que trop en contemplant les formes inattendues que le dessinateur a imposées aux objets ethnographiques qu'il a mis aux mains de ses indigènes. Il est évident qu'il ne les a vus que de loin .... Deux cocotiers rappellent une des caractéristiques du paysage insulaire[1].

« Les Espagnols[2] ont navigué ensuite pendant deux mois le long du banc qui avait reparu au sortir du détroit. « A la fin de ce temps, dit Torrès, nous nous sommes retrouvés dans 25 brasses de fond par 5 degrés de hauteur, à dix lieues de la côte, ayant fait 480 lieues; la terre remonte ici vers le Nord-Est, je ne l'ai pas suivie à cause des bas-fonds, mais j'ai couru au Nord par 25 brasses, jusqu'à 4 degrés et donné alors sur une côte dirigée de l'Est à l'Ouest. »

On voit clairement, dans ces quelques lignes, les deux bâtiments espagnols suivre le long des îles, des côtes basses et encore indécises dans leurs contours, appelées depuis lors *Vleermuid*[3], par les Hollandais (*Chauve-souris* de d'Ablancourt) jusqu'au cap Valsche, abandonner la côte, qui au delà de ce point court en effet dans le Nord-Est et venir rencontrer de nouveau le littoral néo-guinéen, en portant droit au Nord.

« Nous n'avons pas pu suivre cette côte bien loin vers l'Est, mais nous estimons qu'elle se joint à celle que nous avions laissée plus bas, parce que le même banc s'étend au-devant et à cause de la grande tranquillité des eaux. » L'orientation du littoral est toute différente, la mousson ne se fait plus sentir et la *bonasse* est habituelle.

---

il n'en est pas qui se rapproche plus du dessin de Prado que celle de la collection Kühn qu'on peut voir sur la pl. XII du tome des *Archives internationales d'ethnographie*. La pièce est faite d'une roche volcanique, presque à l'état naturel, emmanchée dans un court bâton renflé. Elle est donnée comme venant de l'île Etnabai.

[1] En quelques points, écrit Macleay (*loc. cit.*) les mangliers semblent sortir du fond des eaux, dans d'autres comme à Mohoitta (dans le golfe des Papouas) la plage était couverte de cocotiers en grand nombre.

[2] Avant d'aller plus loin, Torres annonce au roi qu'il a choisi dans toute cette terre, *por teda esta terra*, vingt sujets de différentes nations, *para con ellos hacer mejor rrelacion à V. Majestad;* et il ajoute « *Dan mucha noticia de otras gentes aunque hasta agora no se dexan entender bien*. »

[3] *Whermoysen* (Cook) *Relat.*, trad. fr., t. IV, p. 147.

«Cette terre est peuplée d'une nation nègre différente de toutes
les autres : c'est un peuple plus fastueusement orné; ils se
servent de flèches, de dards et de très larges boucliers et de tubes
de bambou remplis de chaux qu'ils vident, aveuglant leurs enne-
mis dans le combat.» Ce que Prado répète au bas de sa quatrième
planche, avec cette différence cependant que la *gente negra* de la
relation de Torrès est chez lui qualifiée de *bermexa, vermeille* [1]. Les
trois portraits, deux d'hommes et un de femme, vaguement repré-
sentés ici, tiennent à la fois de l'une et de l'autre des deux descriptions; s'il faut en croire M. F. Gredilla qui me les a calquées [2].

Fig. 5. — Indigènes de la Nouvelle-Guinée.
(*Xente del rremate de la Nueva-Guinea.*)

Ils ont en même temps la chevelure un peu boursouflée et l'homme
qui est au centre porte de fines moustaches; leur armement consiste
pour l'un en un arc à double courbure et une longue flèche, pour
l'autre en une lance et un long bouclier en forme de quadrilatère

[1] L'inscription de la quatrième figure porte ces mots : *« Esta xente est del
rremate de la nueva Guinea, es jente bermexa; sus armas son dardos escudos lar-
gos | flechas lanças largas montantes de cal para cegar los contrarios aqui usan
de hierro aunque poco y | algunas cosilas de china porque 'el rremate desta tierra
estava poco mas de 50 leguas de las primeras Malucas.»*

[2] Sus figuras son todas negras, pronunciandose bastante el color cobrizo
(Gredilla).

allongé, sensiblement dilaté vers le bas (*escudos largos*) et que décorent de larges arabesques.

La carte correspondante vient nous fixer sur l'emplacement de cette tribu, la dernière qu'aient visitée en Nouvelle-Guinée les Espagnols de 1606.

«*Esta baya de Sanct Pedro de Arlança*, dit le cartouche placé au-dessus de cette carte, *y puerto de Sanct Lucas y el de Sanct Juan del prado hallo el cap.ᵃⁿ Luis Vaes de Torres a 18 dias de octubre de 1606, es tierra de los Papuas distante del puerto de San Francisco 270 leguas tiene mucho fundo por todas partes y sea de surgir junto à tierra laqual es muy montuosa y aspera con grandes arbolidas y sin llanuras.*»

«Cette baie de San Pedro d'Arlança et port de San Lucas et celui de San Juan del Prado découvrit le capitaine Luis Vaes de Torres, le 18ᵉ jour d'octobre 1606. La terre des Papous est distante du port de San Francisco [1] de 270 lieues. Elle tient beaucoup de fond dans toutes ses parties et on mouille près de la terre qui est très montueuse et rude avec grandes futaies et sans plaines.» Et il inscrit la date du 13 décembre avec son nom : Diego de Prado y Tovar.

Les vocables de saint Luc, évangéliste, et de saint Pierre d'Alcantara (18 et 19 octobre) d'une part, de sainte Léocadie (9 décembre) de l'autre, circonscrivent la durée de séjour des Espagnols dans cette station ultime, dont la topographie s'adapte sans peine au seul point bien connu aujourd'hui de cette partie peu fréquentée du littoral néo-guinéen. Je veux parler de la baie du Triton, Ourou-Langerou des indigènes. retrouvée en 1828 par Modera, qui commandait la corvette néerlandaise de ce nom. J'ai reporté. sur l'esquisse la moins imparfaite que j'ai pu me procurer, la nomenclature de la quatrième carte de Diego de Prado. L'île Aïdouma ou Andouma, qui ferme en partie la baie du côté du large, et dont une belle lithographie de l'atlas de Müller nous permet d'admirer les splendeurs végétales, correspond sans le moindre doute à la *isla del capitan Luis Vaes de Torres*; le port abrité que couvre cette même île convient à la *baya de San Pedro de Arlança*; enfin le golfe intérieur dit *Dubus* ou *Triton-bay* correspond au *puerto de San Juan del Prado*. Le reste va tout seul et l'on peut sans

[1] Le mouillage sur la côte Sud de l'île Moresby (voir carte II).

trop hésiter inscrire les noms de *Islas de Santa Leocadia* sur les îles qui se voient à l'Ouest de l'entrée, Sagel, etc.; la baie au N. O. est la baie Bidkjarou, reconnue par Marescot en 1839.

Les renseignements ethnographiques des navigateurs espagnols concordent presque tous aussi exactement que leurs levés géographiques avec les observations les plus modernes que nous possédions. Les indigènes vus de près par les naturalistes de l'*Astrolabe* et de la *Zélée*, par exemple, leur ont paru appartenir à un groupe métis issu de Malais et de Papous. « *Leur peau noire*, dit Hombron[1], *reflète une teinte de cuivre assez vive*, de sorte qu'il serait difficile de dire quelle est celle de ces deux couleurs qui l'emporte sur l'autre. »

Quelques-uns de ces hommes « qui paraissent être les chefs », portent la chevelure crépée[2], et les planches de Müller nous montrent plusieurs de ces Papous de la baie du Triton, ayant la moustache comme sur la planche de Prado, et même la barbe entière.

Leur costume est excessivement simple, dit Marescot, « ils ne portent que le simple *maro* », on n'a pas vu une seule de leurs femmes d'assez près pour pouvoir en parler[3]..... » Des plumages, des bracelets de paille ornés de coquilles, au cou des fétiches en bois ou en os[4] sont tout leur décor. Leurs armes sont la lance, la sagaie et l'arc. Il n'est pas question de bouclier[5].

Quant aux bambous remplis de chaux[6], dont parlent Torrès et Prado, ils ont été revus successivement par les Anglais d'abord,

---

[1] *Voy. au Pôle Sud et dans l'Océanie. Hist.*, t. VI, p. 312.

[2] Leurs cheveux sont crépus, dit Dumont d'Urville, bien qu'ils m'aient paru beaucoup moins frisés que ceux du havre Dorei que j'avais vus dans mes précédents voyages (*Ibid.*, t. VI, p. 111-112).

[3] *Ibid.*, t. VI, p. 298.

[4] *Ibid.*, t. VI, p. 297.

[5] Il est vraisemblable que l'espèce de targe représentée par Diego de Prado était accidentellement parvenue à la terre des Papous de quelqu'une des grandes îles malaises, où il s'en rencontre d'assez analogues. C'est par le même chemin qu'étaient parvenus *el primer hierro y campanas de China y otras cosas de alla* (Torrès).

Dumont d'Urville trouvait de même en 1839, dans une cabane de la baie du Triton, des nattes assez bien tissées, quelques tasses en porcelaine de Chine et plusieurs morceaux d'étoffe malaise (*Relat.*, t. VI, p. 119-120).

[6] Cf. E.-T. Hamy, *L'artillerie des Papouas du Sud-Ouest de la Nouvelle-Guinée* (*La Nature*, 1877, t. II, p. 58-60).

puis par les Hollandais et les Français dans les mêmes parages. Cook, atterrissant à la côte de la Nouvelle-Guinée par 6° 16′ de latitude Sud, à soixante-cinq lieues environ au N. E. du cap Valsche, a signalé comme l'une des particularités les plus frappantes de sa rencontre avec les sauvages, l'existence entre les mains de ces indigènes d'un engin particulier, dont il ne s'est pas rendu bien compte, mais qui ne peut être que celui qu'avaient vu Torrès et Prado. «Trois indigènes, dit le rédacteur du voyage, sortirent du bois en poussant un cri horrible..., ils coururent vers nous, et celui qui s'approcha le plus, lança de sa main quelque chose qui fut porté sur un de ses côtés et qui brûlait comme de la poudre à canon; mais nous n'entendions pas de bruit. Les deux autres décochèrent à l'instant leurs javelines contre nous...» Et plus loin : «Ils nous défiaient par leurs cris et ils lâchaient leurs feux par intervalles, quatre ou cinq à la fois. Nous ne pouvons pas imaginer ce que c'est que ces feux, ni quel était leur but en les jetant; ils avaient dans leurs mains un bâton court, peut-être une canne creuse, qu'ils agitaient de côté et d'autre, et à l'instant nous voyions du feu et de la fumée, exactement comme il en part d'un coup de fusil et qui ne duraient pas plus longtemps. On observa du vaisseau ce phénomène surprenant, et l'illusion y fut si grande que les gens à bord crurent que les Indiens avaient des armes à feu et nous n'aurions pas douté nous-mêmes qu'ils ne tirassent sur nous des coups de fusil, si notre bateau n'avait pas été assez près pour entendre dans ce cas le bruit de l'explosion[1]. »

Pareille rencontre échut en 1826 à Kolff, entre 6° et 6° 30′ [2]. «Des indigènes tout nus et sans tatouages, de grande taille, à la peau d'un noir de jais et aux cheveux crépus, mélangés à quelques sujets de couleur beaucoup plus claire, venaient faire des manifestations hostiles autour de son vaisseau, et l'un d'eux se dressa dans une des proues avec un gros bambou en main, en projettant quelque chose qui semblait être des cendres[3]. »

[1] *Relation*, trad. fr., t. IV, p. 152-153.

[2] D. H. KOLFF, *Voyages of the dutch brig of war Dourga, through the Southern and little-known Parts of the Moluccan Archipelago and along previously unknown southern coast of New Guinea* (1825-1826), trad. angl. de G. W. Earle. London, 1840, in-8°, p. 326.

[3] Une figure de l'atlas de Müller montre un Papoua de l'Outenata brandissant son bambou et Earl a reproduit ce dessin dans son livre sur les Papouas.

Modera et Müller constataient deux ans plus tard, à bord du *Triton*, l'existence du même usage sur la même côte, à 80 milles dans le N. O. du point touché par l'*Endeavour* et le *Dourga*. Il fut reconnu cette fois que la projection ainsi faite était bien une poussière composée, et l'interprète du bord fit adopter par Modera et par Müller l'opinion qu'en lançant cette poussière, les Papouas n'avaient d'autre but que de faire des signaux. Plusieurs hommes furent vus, dit Modera, postés sur le rivage, brandissant un court bâton de bambou dont ils faisaient sortir à chaque instant quelque chose comme une fumée, mais sans qu'on observât de feu. L'interprète Patty Barombang disait que les sauvages ussient d'un mélange de chaux, de cendres et de sable qu'ils projetaient dans le but de montrer où ils se trouvaient, de *se reconnaître à distance*, suivant l'expression de Müller, et il ajoutait qu'il avait cru comprendre qu'une projection horizontale était destinée à montrer des intentions pacifiques, mais que lorsqu'ils lançaient en l'air leur mixture, cela signifiait *défi* ou *résistance*.

Avec Dumont d'Urville [1] nous retrouvons en 1839, dans la baie du Triton, c'est-à-dire au point même où Torrès et Prado avaient observé deux cent trente-deux ans plus haut les *montantes de caña llenos de cal que despide de si*, nous retrouvons, dis-je, à cette même place, des sauvages lançant «de la fumée semblable à celle que produirait une arme à feu dont on n'entendrait pas le bruit». Et Dumont d'Urville de supposer, comme les Hollandais de 1828 dont il ne connaît pas les textes, que c'est un signal «destiné à prévenir les habitants de la Grande Terre de l'approche d'un danger [2]».

Au départ de San Pedro d'Arlança, Torrès n'est plus guère qu'à 130 lieues des Moluques. L'expédition est sauvée. On va toujours au N. O., laissant par la bande du Sud quantité d'îles que les *nécessités des bâtiments* empêchent de reconnaître. «*Je doute*, dit Torrès, qu'on dix ans on puisse visiter les côtes de toutes les îles que nous vimes alors.»

[1] Dumont d'Urville, *Voyage au pôle Sud et dans l'Océanie, et Hist.*, t. VI, p. 111, 1844, in-8°.

[2] Le regretté W. Joest a consacré à ces bambous un article spécial des *Archives internationales d'ethnographie*, intitulé *Waffe, Signalrhor oder Tabaks-Pfeife* (Bd. I. s. 176-184, 1888, in-4°). Il ne connaissait ni le texte de Torrès, ni le commentaire que j'en avais présenté dans la *Nature* onze ans plus tôt. Le texte de Dumont d'Urville lui avait également échappé.

A la fin de cette terre, l'expédition fait rencontre de Mores armés de coulevrines et de fauconneaux, arquebuses et armes blanches, qui s'en vont pour conquérir cette nation qu'ils appellent des Papuas et lui prêcher le culte de Mahomet. On trafique et on cause avec les Mores, qui donnent des nouvelles des Hollandais de Batchian et de Terrate. Jhoan d'Esquival, qui gouverne dans cette dernière île, informé de l'arrivée du navigateur espagnol, a requis ses services et, malgré les grandes fatigues du voyage, Torrès s'en va batailler dans les Moluques et prendre possession de Batchian au nom du roi. Torrès laisse la *zabra* et 20 hommes à Jhoan d'Esquival, et arrive en mai 1607 à Manille.

Il ressort des dernières lignes du rapport qu'il achevait de rédiger le 12 juillet suivant, comme des lettres déjà citées de Diego de Prado, que l'expédition n'a pas reçu du gouverneur D. Juan de Silva et de l'audience royale l'accueil que devait lui valoir la réussite d'une entreprise aussi nouvelle et aussi difficile. Au moment où le frère Jhoan de Mello, l'un des franciscains de l'expédition, se charge de porter sa dépêche à la cour, Torrès sollicite vainement depuis deux mois les moyens de terminer son voyage, et on laisse son équipage mourir de faim en attendant des ordres qui ne viennent pas.

Il ne semble pas que Torrès ait jamais revu sa patrie, qu'il avait si glorieusement servie. Diego de Prado y Tovar, son fidèle compagnon, était encore à Goa six ans et demi plus tard ; il se disposait alors à gagner Alep par Ormuz avec des marchands vénitiens au printemps de 1614. S'il a pu accomplir ce dessein, il aura trouvé, en arrivant en Espagne, Quiros, qu'il poursuivait dans ses lettres de son indignation et de son mépris, parti une fois encore pour le Pérou, cette fois, en compagnie du vice-roi Don Francisco de Borja, avec une mission nouvelle, *para que desde el puerto del Callao le despeche à la poblacion de la tierra austral!* Une mort soudaine est venue arrêter à ses débuts cette tentative ultime vers la fin de 1614 [1].

[1] Cf. *Historia del descubrimiento de las regiones austriales...* publicada por D. Justo Zaragoza. Madrid, t. I, p. 402, 1876; t. II, p. 187, 189, 1880.

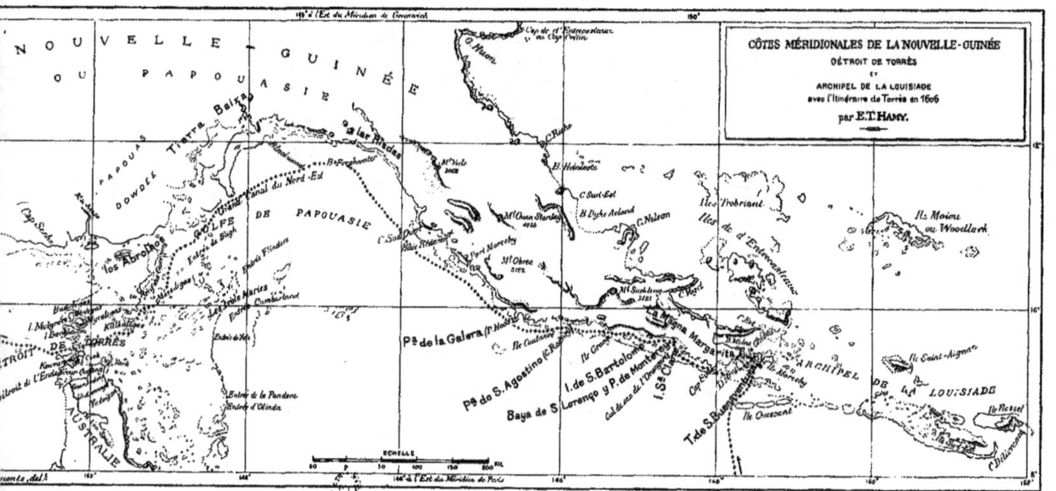
CÔTES MÉRIDIONALES DE LA NOUVELLE-GUINÉE
DÉTROIT DE TORRÈS
ET
ARCHIPEL DE LA LOUISIADE
avec l'Itinéraire de Torrès en 1606
par E. T. HAMY.

NOUVELLE-GUINÉE
OU PAPOUASIE
145° à l'Est du Méridien de Greenwich
150°
G. Huon
Cap de d'Entrecasteaux ou Cap Nelson
C. Roch
Ti Nason
B. Holenote
C. Suri-Eel
B. Dyke Acland
C. Nelson
Iles Trobriant
Ilz Moion ou Woodlark
Iles de d'Entrecasteaux
M. Victo
M. Owen Stanley
Port Moresby
M. Obree
M. Suckling
C. Fori
Rona Margarita
ARCHIPEL DE LA LOUISIADE
Ile Saint-Aignan
Ile Moresby
PAPOUAS
DOWDÉE
Tierra Baixa
Islas Riedas
GOLFE DE PAPOUASIE
C. Sud
Iles Abrolhos
Entrée de Bligh
Porte Flinders
Les Iles Maries
Entrée Cumberland
Pta de la Galera
Ile Coultus
Ile Groe
I. de S. Bartolomé
Pta de S. Agostino
Baya de S. Lorenzo y P. de Montançes
I. Sta Clara
Col. de eas de l'Ouest
Cap Est
T. de S. Buenaventura
Ile Ouessant
Ile Rossel
C. Schanck
I. Mulg
NOUVELLE
Killali
DÉTROIT DE TORRÈS
Détroit de l'Endeavour
AUSTRALIE
Entrée de la Pandora
Entrée d'Olinda
ECHELLE
50 0 50 100 150 200 KIL.
145° à l'Est du Méridien de Paris
150°

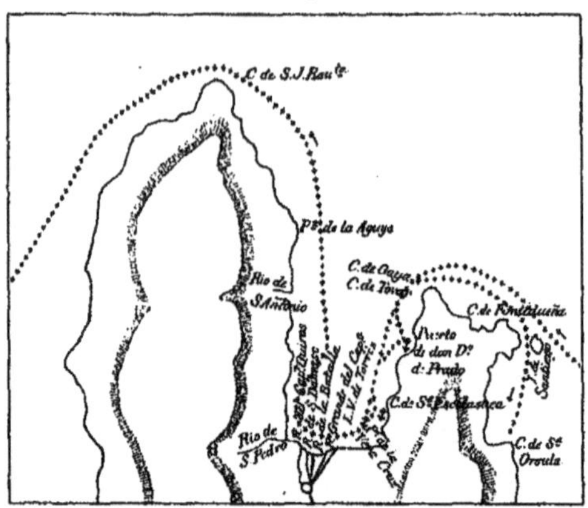

I. La Gran Baya de S. Philippe y S. Santiago

1.º de Mayo de 1606.

II. Puertos i Bayas de Tierra de S. Buenaventura

18 de Julio de 1606.

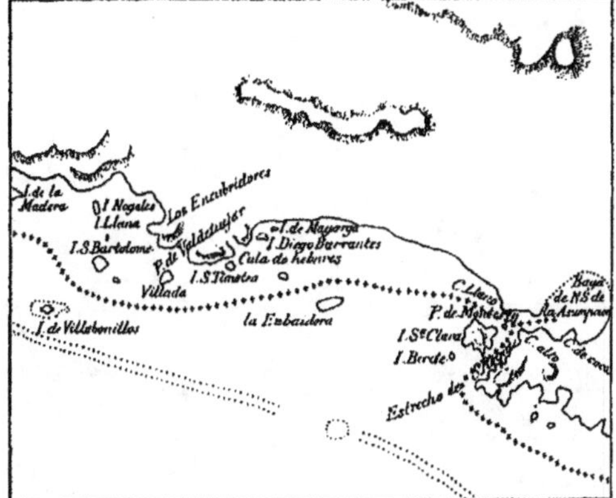

III. La Gran Baya de S. Lorenço i Puerto de Monterey
10 de Agosto de 1606.

IV. Baya de S. Pedro de Arlança
13 de X.bre de 1606

www.ingramcontent.com/pod-product-compliance
Lightning Source LLC
LaVergne TN
LVHW050325030726
842520LV00005B/1783